लहरों की गोद में

डूबता कभी, कभी तरता, इन थपेड़ों को अपनी बाँहों में भरता

लक्श भंभानी

BookLeaf Publishing
India | USA | UK

Made with ❤ on the BookLeaf Publishing Platform
www.bookleafpub.in
www.bookleafpub.com

Dedication

समर्पित है प्रयान को, तुम्हारे आने के बाद,
मेरी कई ज़ंग लगी तारें, झनक उठीं

Preface

कुछ दिन पहले अपनी स्कूल के समय की लिखी कवितायेँ मिल गयीं थीं। शीर्षक था, कुछ चुनिंदा कवितायें। बच्चन की किताब से चुराया हुआ शीर्षक था, मगर कविताएं उसमे सम्पूर्णतः मूल थीं। ऐसा मैं इसलिए कह सकता हूँ क्यूंकि वे कवितायेँ, आज न पढ़ने के लायक हैं, न इधर लिखने के लायक। जिनको कभी मैं चुनिंदा कहता था, एक अलग किताब में लिख देने जैसा दर्जा देता था, आज उन्हीं को पढ़कर खाना ऊपर आने को है, और खुद से निराशा महसूस हो रही है। न जाने जो उस किताब में नहीं लिखीं थीं, वो तो कैसी ही रही होंगी।

समय बीतता है और हम सब बड़े हो जाते हैं। अपने बीते कल को आज की विकसित, परिपक्व नज़रों से देखें तो, खुद को ही दोषी सा पाते हैं। न जाने आज जो इस किताब में संजो रहा हूँ, कल उन्हें कैसा पाउँगा। क्या हँसूँगा खुद पर या शर्मसार महसूस करूँगा। यही वो शशोपंज है जिस कारण सोशल मिडिया पर भी कम ही लिखता हूँ, और अधिकतर तो लिख कर डालता भी नहीं।

इतिहास में प्रेम लिखा है, घृणा लिखी है, समझौते लिखे हैं, युद्ध लिखे हैं। सबसे महत्वपूर्ण रत्न मगर इतिहास में यदि लिखे हैं, तो हम जैसों के वास्तविक अनुभव लिखे हैं। हम किसी भी लेखन को पढ़ें, वो एक समय का टुकड़ा है, जो किरदार बदल कर किसी ने जिया है। जो लेखक पे बीती, कभी हम पे भी बीत सकती है। और इसलिए मेरी चुनिंदा कवितायेँ भी पूर्ण रूप से बेकार नहीं रहीं। आज उनको पढ़कर

मुझे प्रेरणा मिली, जाना कि कितना बदलाव है मुझमें, उतना व्यर्थ नहीं लिखता जितना कभी लिखता था। और आने वाले कल के लक्श को पता चल सके कि वो आगे पहुँच गया है, इसलिए ये मील पथ्थर भी ज़रूरी है।

इस भाव से इन कविताओं को लिख रहा हूँ। मेरी आशा है कि जो इन कविताओं का रस है, मैं आप पाठकों तक पहुंचा सकूंगा। इसी आशा से प्रारम्भ करते हैं, आइये।

Acknowledgements

मुझे अपने जीवन में कई साधनों का सौभाग्य है। मेरी दादी, पापा और मम्मी, जो हमारे छोटे से परिवार के हर तौर पे कर्ता-धर्ता हैं। मुझे हर सोच के लिए प्राहोत्साहन दिया है। आज अगर मैं उनसे अलग भी सोचता हूँ, उनसे बहस भी कर पाता हूँ, तो उन ही की बदौलत है जो कर पाता हूँ। मुझे ऐसा बल मिले कि हमेशा यही सोच सकूं, कि मेरे हर गुण का श्रेय आपको, मेरी हर खामी का ज़िम्मेदारी मुझको।

एक व्यक्ति है जिसे मुझ पर सबसे ज़्यादा गर्व है। मेरे सबसे कठिन समय पर मुझमें विश्वास रखने वाली मेरी बहन। चाहे कविता आधी समझ आये या पूरी, सबसे तेज़ ताली उस ही के दिल में बजती है। अगर उसकी आवाज़ मेरे कान में सैंकड़ों बार न पड़ी होती, कि भैया इसको लिख दो, ये छपने लायक है, आपकी बात सुनने लायक है। तो शायद आज कविताओं को संगठित करने की सोच न जुटा पाता।

पथ्थर की खोज जितनी ज़रूरी, उससे कई अधिक ज़रूरी है उसका तराशा जाना। मैं सामान्यता के दलदल से यदि उभर सका तो सिर्फ इसलिए, कि मेरी पत्नी ने मुझे उस काबिल समझा। मुझमें आलोचना सेहना का दम नहीं था। बिना क्रिटिसिज़्म के कोई भी कलाकार परिपक्व नहीं हो सकता। मुझे सहनशील बनाने में सबसे बड़ा हाथ मेरी पत्नी का है। अगर आज मैं कुछ लिख पा रहा हूँ, तो ये बिना उनके साथ और समर्थन के हो ही नहीं सकता था।

मेरा बेटा, जिसके बिना मुझे ख्याल नहीं आते, और जिसके होने से मेरे दिल और दिमाग के बीच के तार जुड़ गए हैं। मुझे उससे कोई, समय

देने, न देने, की माफ़ी नहीं मांगनी। मैं उसके साथ ही होता हूँ, साथ ही गाता हूँ, साथ ही लिखता हूँ।

1. जागृति

ये नीला सा ओस का भीगा समन्वय
ये धीमे धमकता सा धरती का ह्रदय
रात की चुप्पी को कोयल थी चीरे
धूप सुनहरी आखों पे धीरे धीरे

ये काली सी, खाली सी ढलती अंधियारी
बढ़ते सुर किरणों के, पुकारें बारी बारी
भय छोड़ो बाहर आकर तो देखो
समय तुम्हारा है, तुम आज़मा के तो देखो

न जाने मैं क्यूँ इस बेचांद रात से भागा था
ये वो कहानी है जिसमें मैं जागा था

2. Specks

In this endless universe, of which time is just another dimension, we are but a speck, stuck on a date and time we invented

This is the beauty of everything. The deeper you look, the more you understand what's beyond. To know the secrets about how the universe came to be, and how it functions, we look at quarks and strings and things so small, we can't really see. Our powerless existence, and yet we are here, knowing what we know.

And so goes in life. Maybe it doesn't matter what we do, and yet if we spend each passable moment doing something interesting, maybe it's going to add a drop in the vast knowledge of our collective existence, like those who have added before us

Specks don't matter, but together, and beyond the boundaries of time, they do.

3. ठहराव

फ़ितूर-ए-ज़ोर
हर रोज़ हर रोज़
भाग भाग
ये कैसी लगी सोज़

रुक जा, थम जा
जो भी है वो
ख़ुद आएगा

ना भी आए
कम से कम
तू तो संभल जाएगा

4. झड़ती दीवारें

जो दीवारें झरझरित हो टूटतीं हों, टूटने दो
अश्रु यदि निरंतर फूटते हों, फूटने दो
कदाचित ही कोई मौसम ऐसा आता है
जो इतना कुछ करने की ताक़त रखता है

झड़ती दीवारें अकिंचन खड़ी
उनपर छतें नहीं डल सकतीं हैं
एक नहीं अनगिनत दीवारें, स्वयं ही
झरझर करनी पड़ सकतीं हैं

उस पुरातन झरझरित युग मूर्ति को टूटने दो
जिस शिला पर हाथ रख दोगे वही भगवान होगी

Concluding lines inspired by another poem

5. Double Agent

Hundreds of people
Talking, jiving is staple
Moving through the masses
I shake hands with
Everyone who passes

I remember who does what
Everyone's story and plot
I discuss their life, their strife
My own locked away discreetly
A treasure, no one gets to see

I play double agent everyday
Commonly the extrovert
Who says everything
The black the white and the grey
Covertly the introvert
Who wouldn't care to say

6. खो गए तुम

भीड़ ही भीड़ में खो गए तुम
कहो, कितने बड़े हो गये तुम

शोर के ज़र्रे चल रहे थे उधर
एक आहट से रहकर हो गए तुम

सब की शक्लों की हंसी देखी तो
पागल हो गये और हंस दिए तुम

आज क्यूँ शख्सियत-ए-रंग
सबमें घुल के काले हो गये तुम

7. Intoxicated

This evening
Like every other
Laughing screaming
Over each other
Singing drinking
Higher further

The noise deafens
A silent sob, a lost gasp
A deep hopelessness
A choking rasp
Puts on a mask
Drinks some more
And hit the floor

Sorted for an hour

8. बेतलब

दिल में लिए प्यार, निकला गुलज़ार
मगर खो आया
कल था मासूम, हर इकरार
अब तो रो आया
मायूस मन, शक-ए-नज़र
दूर किया, जो भी आया

वापस आने का साधन न था
कोई चाह, लक्ष, कोई बंधन न था
छोड़ बैठा हर मशक्कत
अब तरसना छोड़ आया

भागती फिरती थी दुनिया
जब तलब करते थे हम
अब जो नफरत हमने की
वो बेकरार आने को हैं

Inspired by a famous poem

9. कुछ पन्ने - ग़ज़ल

कुछ पन्ने कभी ऐसे भी लिखे हैं मैने
जो फटते भी नहीं हैं, मिटते भी नहीं

पिंजरे में बंद मेरे कुछ टुकड़े पड़े हैं
जो दिखते तो हैं, मुझमें मिलते नहीं

-

यादों को शायद भुला सकते होंगे
लकीरें को आधा मिटा सकते होंगे

पूरे ही खत्म होते हैं वजूद
आधे बचते नहीं, आधे बचते नहीं

-

मेरा जो ना था, मैंने वो खो दिया
सज़ा ली है मैंने, गुनाह नहीं किया

अब तो लगती हैं टीसें रह रह के

अब तो लगने से ठोकर, भी लगती नहीं

-

बागों की कलियां, अब खिलती नहीं
ये नमकीन बूँदों से खुलती नहीं

आयेगी बसंत सबसे ये कहता हूँ मैं
दिल को मालूम है, के ये सच ही नहीं

कुछ पन्ने कभी ऐसे भी लिखे हैं मैने
जो फटते भी नहीं हैं, मिटते भी नहीं

10. उम्मीद तोड़ना

एक चित्र उभरा सा था
गुदगुदी सा, मनमोहक
कपकपी क्या उठी मन में
वे चित्र हमने मिटा दिया

भावों का पहाड़
सपनों की बारिश में नहलाया हुआ
हर पात हर शाख भरी भरी
हरे वन हरे सब बाग़
बिजली क्या कड़की
हर पेड़ हमने जला दिया

बस खुलती सी कली थी
महकने ही लगी थी
भँवरे रिझाने को आते ही थे
ध्यान भटका ज़रा सा
हमने उस कली को
पैरों तले रौंध दिया

एक थी जो लौ हमारी

रात का सहारा हमारा
बात का बहाना हमारा
बस पल भर की घबराहट, हमने
रातों का सहारा बुझा दिया

चेहरा सा पकड़ लिया था
उम्मीद का नाम भले न हो
एक एहसास बसा लिया था
आखों में आंसूं भरे थे
देख कर भी नहीं देख रहे थे
न चाहते भी, उस उम्मीद को
हमने खून से नेहला दिया

11. हो सके तो - ग़ज़ल

हो सके तो, किन्ही यादों के सहारे जी लो
रात स्याही सी, सितारों के सहारे जी लो
चली जातीं हैं खुशियां कहाँ रुकतीं ये
रह गए ग़म तुम अब इन्हीं के सहारे जी लो

कैसी रंगीन वो दुनिया जहां झंकारें थीं
गा देतीं थीं बहारें जहां चल जाती थीं
कदम कदम पे मेरे ताल धमधमाती थी
ढूंढता हूँ अब खोयी सी उन बहारों को

वहीँ तो हूँ, कहीं तो हूँ, न जाने क्या कमी है
मैं इस बार यूं गिरा, कि उठना ही नहीं है
न कोई नाद, न ही ताल, सिर्फ कपकपी है
कब से चल रही है सांस, अब ये थक चुकी है

ये आंसूं मेरी इन आँखों को ये गला देंगे
मोम अब ख़त्म हो चली, लौ बुझा देंगे
करने को अब मेरे पास कुछ है भी नहीं
हैं सिर्फ लफ्ज़, इस गीत को बना देंगँ?

12. जो बीत गई सो बात गई

अरबों साल
सारी सृष्टि का
ज्ञान, सारी तपस्या
समय की शुरुआत से
आज तक की विपासना
खर्च करके, एक परमाणु
अधयात्म प्राप्त करता है

बीज बन फूटता है
धरती की छाती में मिली
एक एक बूँद पे अपने
अस्तित्व का प्रश्न
छोड़ देता है
सौ मुश्कलों का सामना
सौ किस्म के साधन
उसकी कलि बनने की
आकांक्षा पूर्ण होती है

बिना चेतावनी
एक क्षण में

भूले भटके पैरों
की भगदड़ में
मिट्टी में
मिल जाता है

इसमें किसी का
दोष कहाँ
हर कोई
मग्न मदहोश यहां
अब तो बीत गया
ऐसा, हो भी जाता है

बोलो सूखे फूलों पर
कब मधुबन शोक मनाता है
जो बीत गई सो बात गई

Inspired by Harivansh Rai Bachchan's namesake poem

13. Tiny Poems

इतनी अक़्ल लगाकर भी
मिलती ग़म से रिहाई नहीं
खुदा करे रहमत, हमें
बेअकली मिल जाए कहीं

तुमने अदा-ए-हुस्न करवट ली
हमारी रात काली हो गयी

खुश किस्मत हो जो हर बात पे हर कोई आ जाता है
नहीं तो
मरता देख ज़माना, रुकता है, देख कर चला जाता है

क्यूँ बवंडर अपने अंदर यूँ सम्भाले घूमते हो
वक़्त रहते जो ज़रूरी होगा वो होके रहेगा

ढूँढें तो भी अस्तित्व नहीं मिल पाता हमें
दिखावे ढंग पहनाई से
सिर्फ़ मदद की तासीर ऐसी
जो मिलवाती हमें खुदाई से

कड़वाहटों की गुंजाइश तो तब होगी
जब मुझमें बची कुछ जान होगी
जीतने की उम्मीद वाले खेला करते हैं
मैं क्या ही खेलूँ जब मेरी हार होगी

साफ़ दिल, सीधे ही से थे
मुश्किल को मुश्किल समझते न थे
क्या पता था प्यार करने वाले कभी
अकेलेपन को इतना तरसते भी थे

14. आतिथ्य

जज़बातों का आना जाना तो रोज़ का है
ये रिश्ता कभी स्वागत कभी अफ़सोस का है

इजाज़त के मोहताज नहीं ये जज़्बात
कह के भी नहीं आते कि कब तक रहेंगे साथ

किन्हीं की मैं मेहमान-नवाज़ी करता हूँ
कुछ मुझसे करवाते हैं

कोई तो मेरी बात मान भी जाते
ज़िंद्दी वाले ज़रा शक्ल पे आकर ही बाज़ आते हैं

आते हैं, सिखाते हैं
कुछ सिखा कर फिर चले जाते हैं

जज़बातों का आना जाना तो रोज़ का है
ये रिश्ता कभी स्वागत कभी अफ़सोस का है

15. Getting Past

The soul
Looks at life
Through its gray
Peeping glasses
As it passes:
Gloriously alone

And yet, people all around
Bound
By blood or by heart
Nothing takes them apart
They stand us by
No matter the stormy sky

Frolic, dance
Coloured hands
Silky fabrics:
Happiness sticks

Its for the

Theatre we create!
That we dance
And fall in love
In a glance
And smile
For no reason

Every season
We bloom
And get past
Our gloom

16. Meet-cute

It suddenly started raining
as we ran up to the barn
My arms were brushing yours
as I ran my longest yard

We coupled in on the floor
the cold pushed us together
I pulled my arms around you
thanking the teeming weather

My day was a planned affair
I had you since the morning
we walked to solitary places
before it started pouring

You talked about the sun
and all the other grace
I had known just one
the one with whom I was today

You closed your eyes, rested your head
the rain still pelted hard
I had wanted so much to kiss you
but I didn't know how to start

It took the courage of a lifetime
to speak a word to you
and before I could say something
you said, I love you

17. जब भी तू मुरझाती है

शोक नाद बजते हैं
गीत सब सिसकते है
लय ताल टूट जाती है
जब भी तू मुरझाती है

सितारों की चमचम, पहाड़ों की गुंजन
लुट जाता है सब कुछ, चुभने लगता है चंदन
शशि की शीतलता खो जाती है
जब भी तू मुरझाती है

फूल बेरंग खिलते हैं
पंखुड़ियों में भी कांटे ही मिलते हैं
हर पत्ता हर शाख, राख हो जाती है
जब भी तू मुरझाती है

भेद दंड साम दाम
कुछ भी काम आता नहीं
कोशिशें विफल, चाहतें नाकाम
मुझसे तेरे भीतर
जाया जाता नहीं है

तुम्हारे रहस्य
सिर्फ तुम्हारे हैं
में उन्हें समझ कर
छोटा क्यूँ करूँ?

18. अवर्णनीय प्रेम

पत्तों पे ओस जुड़ती जाती
बूँद बूँद कर, इखट्टी हो जाती
पत्ते का दिल भर सा आता
दोनो हाथ जोड़कर, झुककर
ख़ुशी के वे आँसूँ टपकाता
जब ऐसा मैं तुमसे प्यार करूँ
अभिव्यक्त कैसे हर बार करूँ

सूरज की ताप सोती जाती
शीतल संध्या जगती आती
जीर्ण क्रोध जैसे मिट जाता
दिन का श्रम दिन का रह जाता
रात्रि अपनी ही मादकता लाती
हर तनाव पे औषधि लगाती
जब ऐसा मैं तुमसे प्यार करूँ
अभिव्यक्त कैसे हर बार करूँ

वैसे तो धागे औरों को सिलते
चिरते दिलों में टाँका बनते फिरते
मगर स्वयं एक दूसरे में उलझते हैं

गाँठें बन, अपनों की ही साँसे घोटते हैं
तुम्हारे होते सब बाधाएँ भूल जातीं
दो धागे एक दूसरे में गुँथ जाते
आप हममें समातीं, हम आपमें समाते

जब ऐसा मैं तुमसे प्यार करूँ
अभिव्यक्त कैसे हर बार करूँ

19. My Child is Here!

Never before it has been
Neither felt before, nor ever seen
Strange and new, far and few
It feels like it was long overdue

Call it the story of my life
Or you may call me naive

Hear! Hear!
My child is here, my child is here!

20. Good Night Hope

The day is end, sun closed its eyes
Seeing all getting older, none the wise
And though unsolved be your worry
Successes slip away, getting blurry
Close your eyes, breath your sighs
Let your calm and brave heart suffice

Days are plenty, days are few
But today still remains as new
Weighed down by the time that's gone
From it's ashes, here and now is born
The past is set in stone, it's true
But the author for tomorrow is still you

If ever your heart is hurt and sore
You push and push, but can't anymore
The night is black, ground is charred
All hope is lost, your will is scarred
Just stay a while, don't win, don't lose
After the darkest hour, light ensues

21. जब कदम भारी हो जाएं

जब कदम भारी हो जाएं
उन्हें उठाने वाले बनो
भार गिनवाने वाले नहीं

जब रास्ते संकरी हो जाएं
सड़क बनाने वाले बनो
हताशा बढ़ाने वाले नहीं

किसी के कंधों पे भार बढ़ जाए
तुम संभालने वाले बनो
घबराने वाले नहीं

जब सफर लंबे हो जाएं
ध्यान बटाने वाले बनो
घड़ी पे नज़र टिकाने वाले नहीं

जब किसी से कोई वस्तु टूट जाए
दिलासा देने वाले बनो
मूल्य गिनवाने वाले नहीं

जब स्वास्थ्य बिगड़ जाए
देख भाल में जुटने वाले बनो
क्यों, किसलिए ढूंढने वाले नहीं

दिलों पे समय के घाव
किस्मत के माथे पे थपेड़े
अंगारों भरा जीवन सभी का है

शीतल मलहम लगाने वाले बनो
जले पे और जलाने वाले नहीं

www.ingramcontent.com/pod-product-compliance
Lightning Source LLC
Chambersburg PA
CBHW060813180325
23616CB00036B/1352
* 9 7 8 9 3 6 9 5 4 4 9 8 1 *